D1754186

# Lukas
## als Handwerker

**JOMA**

Lukas ist heute Morgen sehr früh aufgewacht. Er hat nach und nach all seine Spielsachen herausgeholt, und nun weiß er nicht mehr, was er tun soll ...

„Struppi, komm, wach auf, mein Kleiner, wir gehen zu Papa in die Werkstatt und basteln etwas Schönes."

Er weckt seinen kleinen Hund auf. „Wuff, muss das sein? Ich habe so schön geschlafen!", scheint dieser zu sagen und gähnt.

Im Garten entdeckt Lukas einen kleinen Vogel, der aus seinem Nest gefallen ist.

„Mach dir keine Sorgen, kleiner Vogel, wir werden dir ein Häuschen bauen", beruhigt Lukas den kleinen Piepmatz.

Lukas fragt seinen Papa, ob er für das Vogelhäuschen etwas Holz von ihm bekommt. Er möchte es ganz allein bauen.

„Zuerst musst du einen Plan von dem Häuschen zeichnen", erklärt sein Vater.

„Weißt du, Papa, du kannst auch Struppi ein Blatt Papier geben. Ich habe ihm das Zeichnen beigebracht", antwortet Lukas.

Lukas nimmt einen Bleistift und ein Lineal von Papa und zieht Striche in alle Richtungen, lange und kurze.
Und er zeichnet Kreise, allerdings keine runden ...

„Ich glaube, das Häuschen für den kleinen Vogel wird nicht sehr schön.
Es ist zu schwer für mich!", stellt er traurig fest und zerreißt das Blatt.

„Du musst nicht traurig sein, Lukas. Wir machen den Plan zusammen", tröstet ihn Papa.
„In Ordnung, aber danach mache ich alleine weiter!", antwortet Lukas und trocknet seine Tränen.
„Und was wird mit meiner Zeichnung? Weshalb nehmen wir diese nicht als Modell?", scheint Struppi zu fragen.

„So, wir haben es geschafft!", sagt Papa stolz. „Stimmt, das Häuschen ist wirklich schön", gibt Lukas ihm Recht. „Also Papa, gibst du mir nun die kleinen Bretter?"

„Ja gleich! Bring schon mal den Werkzeugkasten!", versucht der Vater Lukas abzulenken.

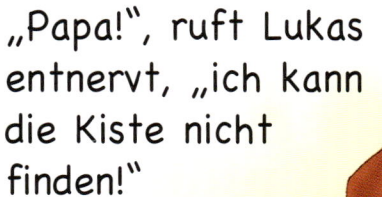

„Papa!", ruft Lukas entnervt, „ich kann die Kiste nicht finden!"

Aufgeregt rennt Struppi zu Lukas. Dabei stößt er eine große Plastikwanne mit vielen Sachen um. „Hier ist der Werkzeugkasten, ich habe ihn gefunden, Papa! Er war in der Wanne!", erklärt Lukas begeistert.

Lukas öffnet ungeduldig den Werkzeugkasten. Er holt den Hammer heraus und legt ihn auf den Boden.
„Bring mir den Hammer, mein Kleiner!", bittet er Struppi, der sofort Männchen macht.
Struppi nimmt den Hammer in sein Maul und bringt ihn Lukas.
„Siehst du, Papa, Struppi kennt die Werkzeuge schon ganz genau!"

Jetzt schlägt Lukas die Nägel wahllos in das Holz.
TOCK! TOCK! TOCK! macht der Hammer.
„Gib Acht auf deine kleinen Finger!", warnt Papa.

„Hier ist es zu laut!",
denkt sich Struppi und verschwindet um die Ecke.

„Oh! So sieht aber doch kein Vogelhaus aus! Das ist eher ein Igel, der sticht!", ruft Lukas ziemlich enttäuscht. „Ich helfe dir, ein schönes Vogelhaus zu bauen", schlägt Papa vor, der ein recht guter Handwerker ist.

„Wo ist denn der Hammer hingekommen, Lukas?", fragt Papa. „Er hängt nicht mehr an der Werkzeugwand."
Papa und Lukas suchen überall.
„Struppi ist auch verschwunden!", wundert sich Lukas.

Als Lukas aus der Werkstatt kommt, entdeckt er den Hammer, versteckt unter Struppis Pfoten. „Gib mir den Hammer, Struppi! Ich muss das Vogelhäuschen für den kleinen Piepmatz bauen!", ruft Lukas energisch.

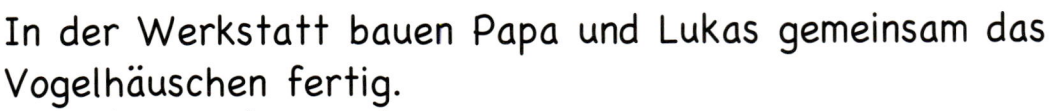

In der Werkstatt bauen Papa und Lukas gemeinsam das Vogelhäuschen fertig.
TOCK! TOCK! TOCK!
„Man könnte meinen, es ist Struppis Hundehütte, nur viel kleiner!", findet Lukas glücklich.

„Dein kleiner Vogel wird sich bestimmt sehr wohl fühlen!", versichert Papa.

Gemeinsam montieren die beiden Handwerker das Häuschen auf einem Ast des Baumes.
„Ich hoffe, du wirst glücklich sein, hier in deinem neuen Haus", murmelt Lukas und setzt den kleinen Vogel hinein.

„Oh, welch ein schönes Häuschen, Lukas!", gratuliert Mama, „du bist ein wunderbarer Handwerker!"
„Danke Mama, und jetzt baue ich ein neues Haus für Struppi", beschließt Lukas.

„Äh ... wir haben kein Holz mehr", stottert Papa, der die ganze Werkstatt aufräumen muss. „Vielleicht morgen ..."